Salvete

Neue Ausgabe

Arbeitsheft Lektion 35 bis 45

von
Dieter Belde
Andreas Efing
Jens Kühne
Simone Robitschko

unter beratender Mitarbeit von

Werner Fortmann
Beate Promberger

Cornelsen

Redaktion: Werner Schmidt
Illustration: Ulrike Braun, Berlin
Umschlaggestaltung: Sandra Spitzer, Bonnie Siebke, Berlin
Layout und technische Umsetzung: Wladimir Perlin, Berlin

www.cornelsen.de

1. Auflage, 2. Druck 2013

Alle Drucke dieser Auflage sind inhaltlich unverändert und können im Unterricht nebeneinander verwendet werden.

Druck: Stürtz GmbH, Würzburg

ISBN 978-3-464-65452-1

Inhalt gedruckt auf säurefreiem Papier aus nachhaltiger Forstwirtschaft.

Ankunft bei Chiara

1 Du bist bei deiner Bekannten Chiara eingeladen und kommst nach einer langen Reise an. Auch nach mehrmaligem Klingeln öffnet sie die Tür nicht. Da entdeckst du ihre Notiz:

> *Ciao!*
> *Invitata da Marco sono andata per alcuni minuti da lui. Innamorata da tanti giorni sono molto felice di poter essere con lui. Aspettami!*
> *Ritornerò presto!*
> *Chiara*

Nachdem du die Nachricht genau gelesen hast, weißt du: Es kann noch dauern, bis Chiara dich in Empfang nehmen wird. Aber warum nur?

____

____

2 Du schaust nochmals auf die Formen invitata und innamorata. Wen meint Chiara damit?

____

Eigentlich ganz klar, denn diese Formen werden gebildet wie das lateinische ______________

______________________________ .

a Was weißt du über die Bildung dieser Form?

____

b Und wie ist das doch mit der Kongruenz von Partizip und Bezugswort? Notiere die Regel:

____

3 Du hast auch noch Zeit, das Partizip der Gleichzeitigkeit zu wiederholen.
Wie wird das Partizip der Gleichzeitigkeit gebildet? Notiere auch diese Bildungsregel:

____

4 Während du auf Chiara wartest, gehst du die Treppe auf und ab. Beim Gehen fällt dir ein, dass beide Arten der Partizipien in der Konstruktion ______________ einen wichtigen Platz haben. Das Treppensteigen bringt dich auf die Idee, die Wiederholung des ______________ stufenförmig aufzubauen. Ergänze die Stufen.

1. Stufe
Regel zur Bildung des Partizips der Vorzeitigkeit

2. Stufe

3. Stufe

4. Stufe

5. Stufe
Wiederholung der Übersetzungsmöglichkeiten

Gerade bist du am Ziel, da taucht Chiara auf. Quanta gioia!

Lektion 35 ◀ MEINE GRAMMATIK

1 *Ach hätten wir doch ... !*

a Nach dem Auszug der Plebejer sind die Senatoren in Rom allein. Jetzt wissen sie, was sie besser getan hätten, aber nicht getan haben.

Wenn wir die Plebejer nicht verachtet hätten, wären sie nicht geflohen.
Nisi plebeios contempsissemus, non fugissent.

Wenn sie zurückkehrten, würden wir uns freuen.
Si redirent, gauderemus.

Ihre Aussagen stehen im ________________________ .

b Ergänze nun die Übersicht zur Bildung des Konjunktiv Plusquamperfekt und Imperfekt.

Konjunktiv Plusquamperfekt		
Aktiv		
________ - stamm	Modus- zeichen ________	________
Passiv		
________	+	Konj. Impf. von ________

Konjunktiv Imperfekt		
Aktiv und Passiv		
________ - stamm	Modus- zeichen ________	________

2 *Von jetzt an denken sie an Folgen und Zweck!*

a Oft steht der Konjunktiv in ________________ . Meist wird er allerdings mit dem ________________ wiedergegeben.

Die Senatoren sind nun so schlau, dass sie die Folgen ihres Handelns einschätzen können (________________-Satz). Sie setzen alles daran, dass sie die Plebejer zurückholen / die Plebejer zurückzuholen (________________-Satz).

b Ergänze folgende Steckbriefe zum Final- und Konsekutivsatz:

Finalsätze geben den ________________ an und stehen im: ________________
Sie sind eingeleitet durch: ________________
verneint durch: ________________
dt. Wiedergabe durch: ________________
Signalwörter: ________________

Konsekutivsätze geben die ________________ an und stehen im: ________________
Sie sind eingeleitet durch: ________________
verneint durch: ________________
dt. Wiedergabe durch: ________________
Signalwörter: ________________

3 *Irrealis, Konsekutivsatz oder Finalsatz?*

Unterstreiche bzw. ergänze die passende Form. Gib an, in welcher Art von Satz sie steht, und übersetze den Satz in deinem Heft.

1 Nisi plebeii nos (relicti sunt / reliquissent / relicti essent), res publica in tantum periculum non (pervenit/pervenisset/pervenisses).

2 Optamus, ut plebeii iterum nobiscum (vixerunt/vivant/vivent).

3 Nam re vera plebeios ita diligimus[1], ut sine eis vivere non ________ (posse; Konj. Präs.).

1 diligere *lieben, schätzen*

4 *Der Konjunktiv Präsens*

Er wird folgendermaßen gebildet:

Bei der e-, der i- und der Dritten oder Misch-Konjugation	Präsensstamm	Moduszeichen -a-	Personal-endungen
Bei der a-Konjugation	Präsensstamm ohne -a	Moduszeichen -e-	Personal-endungen

Jetzt kannst du die Konjugationstabellen für den Konjunktiv Präsens vervollständigen:

a-Konjuga-tion	e-Konjuga-tion	i-Konjuga-tion	Dritte oder Misch-Konjugation		Konjugation von esse
			konsonan-tische Stämme	Kurz-i-Stämme	
			agam		
					sis
	moneat				
		audiamus			
laudetis					
				capiant	

5 *Weitere Übungssätze*

Setze die in Klammern angegebenen Verben in die passende Form des Konjunktiv Präsens und übersetze. Vorsicht: Ein Satz ist weder Final- noch Konsekutivsatz. Markiere ihn.

A: „Opto, ut plebeii vitam iucundam ________ (agere)."

____

B: „Recte dicis. Mihi plebeii cari sunt, cum rei publicae semper ________ (prodesse)."

____

____

A: „Rogamus, ut semper magna cum concordia ________ (vivere)."

____

B: „Plebeios rogare debemus, ut rem publicam nobiscum ________ (curare)."

____

____

Wer für wen?

1 Individualis und Socialis diskutieren über ihr Verhältnis zu Staat und Gesellschaft. Übersetze:

I.: Res publica eius modi esse debet, ut mihi semper prosit.
S.: Oro[1] te, ut mihi hoc explices!
I.: Res publica id curare debet, ut semper bene vivam, ne mihi umquam pecunia desit, ne labores duros sustineam.
S.: Nimia postulas, quam ut res publica tibi haec praebere possit. Sed cogita: Res publica est res populi. Itaque fac, ut saluti communi prosis!
I.: Ego – saluti omnium? Si ita est, postulo, ut rem publicam regam.
S.: Sed gubernator[2] rei publicae tam prudens esse debet, ut omnia pericula provideat. Haec autem fabula narratur: Plerique gubernatorem[2] navis orabant[1], ut eis gubernaculum[3] daret. Sed gubernator[2] id spectare debuit, ut navis cursum teneret. Alii autem studere debuerunt, ut gubernatorem[2] in hoc opere adiuvarent.

Welcher Standpunkt entspricht eher deinen Vorstellungen? Begründe.

1 orare *bitten*
2 gubernator, -oris m. *Lenker, Leiter*
3 gubernaculum, -i n. *Steuer*

1 ***Einsatz für das Wohl aller***

a Wähle aus, welcher Einsatz für den Staat und das Wohl aller am ehesten zu dir passt. Übersetze dazu die folgenden Begriffe.
b Ergänze lateinisch, falls keiner der Begriffe auf dich zu passen scheint.

statum bonum et liberum rei publicae servare • orationem pro libertate omnium habere • leges servare • iniuriam non tolerare • se semper humanum praebere • vim prohibere • paci et libertati omnium consulere[4]

4 consulere + Dat. *sorgen für*

2 ***Gerechtigkeit – Lebensprinzip der Gemeinschaft***

Ein hohes Ziel ist für viele Menschen die Verwirklichung von *Gerechtigkeit (iustitia)*.
a Unterstreiche die lateinischen Begriffe, die deiner Meinung nach zu Gerechtigkeit passen.
b Erkläre, weshalb die anderen Begriffe nicht dazu passen.

auctoritas • concordia • corrumpere • crudelitas • cupiditas • iniuria • insidiae • interficere • iustus • misericordia • offendere • opprimere • pax • premere • prodesse • rapere • scelus• socius • temeritas • violare

3 ***Römische Wertbegriffe***

Bei den Römern galt mos maiorum, das Verhalten der Vorfahren, als ein wichtiges Vorbild. Der römische Geschichtsschreiber Sallust beschreibt den vorbildlichen Zustand, in dem sich seiner Meinung nach der römische Staat ursprünglich befand, etwa folgendermaßen:

a Übersetze den Text zunächst in deinem Heft.

Sallust, De Coniuratione Catilinae, Kap. 9
Temporibus antiquis boni mores colebantur. *Concordia* magna, cupiditas parva erat. *Ius* apud eos non solum legibus, sed etiam natura valebat. Discordiam cum hostibus exercebant, cives cum civibus de *virtute* certabant. In deos magnifici, in amicos summa *fide* erant. His artibus – audacia in bello, *iure* in pace – se et rem publicam curabant. (gekürzt und vereinfacht)

b Überprüfe, ob du die Bedeutung der hervorgehobenen Begriffe kennst. Kreuze die richtigc(n) Erklärung(en) an.

Silbeme Statue der Fides.
Abtei Sainte – Foy, Frankreich (um 1490)

Statue der Concordia auf der Jubiläumssäule in Stuttgart
(Säule errichtet 1841, gekrönt mit der Statue 1863)

1. Concordia est ...
   ..., si cives consentiunt. ☐
   ..., si ii, qui non consentiunt, tacent. ☐
   ... malus status rei publicae. ☐

2. Ius ...
   ... iustitiam in re publica servat. ☐
   ... homines a scelere prohibet. ☐
   ... in Germania inventum est. ☐

3. Virtus est ...
   ... audacia militis. ☐
   ... officium omnium bonorum. ☐
   ... ingenium feminarum. ☐

4. Fides ...
   ... inter amicos debetur. ☐
   ... hodie in-utilis est. ☐
   ... et in pace et in bello servari debet. ☐

c Erkläre, weshalb diese Begriffe für das Zusammenleben eine so wichtige Rolle spielen.

1 **_Der Konjunktiv Perfekt_**

Wir kennen nun die Konjunktive Präsens (Lekt. 35), Imperfekt (Lekt. 26) und Plusquamperfekt (Lekt. 31). Die Bildung des *Konjunktiv Perfekt* sieht folgendermaßen aus:

Aktiv		
Perfektstamm	Moduszeichen -eri-	Personalendung

Passiv		
PPP	+	Konjunktiv Präsens des Hilfsverbs esse

Vervollständige nun folgende Tabelle mit den entsprechenden Formen des Konjunktiv Perfekt:

laudav-eri-m				
	pepul-eri-s			
			conscriptus sit	
		coeg-eri-tis		
				altae sint

2 **_Konjunktiv-Dschungel???_**

Orientiere dich bei der Bestimmung der Formen immer am Stamm!

Präsensstamm:	Konjunktiv Präsens oder Imperfekt
Perfekt-Aktiv-Stamm:	Konjunktiv Perfekt oder Plusquamperfekt Aktiv
PPP + Konjunktiv Präsens / Imperfekt von esse:	Konjunktiv Perfekt oder Plusquamperfekt Passiv

Das Moduszeichen gibt dir endgültige Gewissheit.

Bestimme nun folgende Konjunktivformen:

	Stamm	Moduszeichen	Form (Person, Numerus, Modus, Tempus, Genus verbi)
rexissem			
intellegatur			
condiderint			
conscriptus esses			
alereris			

3 *Die Zeitenfolge (Consecutio temporum)*

Besonders häufig treten Konjunktive in Nebensätzen auf. Die Konjunktive des Nebensatzes sind in aller Regel am übergeordneten Satz orientiert und geben das Zeitverhältnis des Nebensatzes zum übergeordneten (Haupt-) Satz an.

Tempus des übergeordneten Prädikats	Zeitverhältnis des Nebensatzes zum übergeordneten Satz: vorzeitig	Zeitverhältnis des Nebensatzes zum übergeordneten Satz: gleichzeitig
Präsens, Futur	Konjunktiv Perfekt	Konjunktiv Präsens
Imperfekt, Perfekt, Plusquamperfekt	Konjunktiv Plusquamperfekt	Konjunktiv Imperfekt

a Was passt zusammen? Markiere die richtige Lösung und gib das Zeitverhältnis an; verwende dabei die Abkürzungen VZ für vorzeitig und GZ für gleichzeitig.

Hauptsatz	Nebensatz			Zeitverhältnis
Imperfekt	Konj. Perf.	Konj. Imperf.	Konj. Präsens	
Präsens	Konj. Plusquamperf.	Konj. Perf.	Konj. Imperf.	
Perfekt	Konj. Plusquamperf.	Konj. Perf.	Konj. Präsens	
Plusquamperfekt	Konj. Perf.	Konj. Imperf.	Konj. Präsens	

b Unterstreiche diejenige deutsche Übersetzung, die den lateinischen Konjunktiv richtig wiedergibt. Gib dann das Zeitverhältnis an.

1. Cum Marius Arpini vitam ageret, nemo eum virum clarum esse putavit.

   Als Marius in Arpinum gelebt hatte / lebte / lebt, glaubte niemand, dass er ein berühmter Mann sei.

2. Sed illi contigit[1], ut gloria omnes superaret.

   Aber er erreichte, dass er alle an Ruhm übertroffen hatte / übertraf / übertrifft.

1 contingit, contigit *es glückt, gelingt*

4 *Für Spezialisten: mehr über Marius*

Unterstreiche die dem Sinnzusammenhang entsprechende Konjunktivform. Übersetze dann und gib das Zeitverhältnis an.

1. Cum C. Marius consul creatus esset / creatus sit / creetur, Romani eum hominem novum appellaverunt.

2. Mario autem contigit[1], ut Cimbros et Teutones vicerit/vinceret/vincat.

3. Ignoramus, qua de causa Marius contra inimicos summam crudelitatem adhibuisset/adhibuerit/adhiberet.

1 Wohin damit?

a Ordne die Begriffe den Sachfeldern Krieg bzw. Frieden zu. Kreuze an.

Begriff	Krieg	Frieden	Begriff	Krieg	Frieden
crudelitas			terrere		
arma			vincere		
certare			fallere		
pax			victoria		
offendere			otium		
interficere			opprimere		

b Warum gibt es so wenige Friedens-Vokabeln?

c Suche im Deutschen gezielt nach Wörtern, die einen friedlichen Zustand ausdrücken.

Symbolische Darstellung der lebensspendenden Erde (tellus). Relief an der Umfassungsmauer des Friedensaltars von Kaiser Augustus (Ara Pacis, Rom, um 10 v. Chr.)

2 So viele Vokabeln zum Sachfeld Krieg?

Die Römer haben im Lauf der Jahrhunderte viele Kriege geführt und die Grenzen ihres Reiches bis 117 n. Chr. immer weiter ausgedehnt. Entsprechend umfangreich ist auch das lateinische Vokabular für kriegerische Aktionen.
Ordne die unten stehenden Begriffe in die Mindmap ein.

Vis
*
*
*
*
*
*
*

Pernicies
*
*
*
*
*
*
*
*

Bellum

* telum
* gladius

Insidiae
*
*
*
*
*

vulnus • violare • timor • tenebrae • spoliare • prodere • premere • oppugnare • opprimere • occupare • noctu • mors • homines pauperes • homines miseri • fallere • dolor • depellere • delere • crudelitas • coniuratio • arma

1 ***Caesars Krieg gegen die Helvetier – ein gerechter Verteidigungskrieg?***

Folgende Sätze stammen sinngemäß aus Caesars Beschreibung seiner Kriegsführung.

a Übersetze sie in deinem Heft. Gib kurz an, wie er in den Sätzen den Krieg rechtfertigt.

1. Hostes fines Romanorum oppugnaverunt et oppida sociorum expugnaverunt.
2. Libertatem sociorum servamus.
3. Hostes homines perniciosi sunt, nam pugnandi cupidi sunt.
4. Hostes mentem bonam simulant, sed iniurias committunt.
5. Iniuriam in cives sustinere non possumus.
6. Castris pacem servamus.
7. Hostes barbari sunt.

b Weshalb führt Caesar so viele „gerechtfertigte" Kriegsgründe an?

2 ***Krieg der Worte***

Wer Krieg führt, ist meist bestrebt, diesen als notwendig oder gerechtfertigt darzustellen. Bearbeite den Zeitungstext entsprechend den folgenden Leitfragen:

Krieg im Kosovo: Der Krieg der Worte

... Es ist Krieg auf dem Balkan, aber kaum jemand nimmt das Wort in den Mund. Krieg? Bundeskanzler Gerhard Schröder hatte es bereits zu Anfang der Nato-Angriffe abgelehnt, diesen Begriff zu benutzen: ... „Wir führen keinen Krieg." Krieg? Nein, auch Belgrad findet dieses Wort nicht angemessen. „Aggression" ist die offizielle Stichwortzeile bei den Meldungen der amtlichen Nachrichtenagentur Tanjug zu den Angriffen, die abwechselnd von „kriminellen Nato-Flugzeugen" oder „faschistischen Nato-Flugzeugen" verübt wurden. ... Doch sobald es nicht gelingt, den Feind zu dämonisieren und das eigene Handeln als heroischen Abwehrkampf darzustellen, wird die Sache auf beiden Seiten merkwürdig unkonkret. Wie viele Tote die Nato-Angriffe gefordert haben, darüber schweigt man sich sowohl in Brüssel als auch in Belgrad aus ...

(Südwestpresse / Schwäbische Post 6. April 1999; AP)

a Erarbeite aus dem Text, was passiert ist.

b Was versteht man unter „Krieg der Worte"? Nenne Beispiele aus dem Text.

c In dem Zeitungstext sind zwei konträre Positionen wiedergegeben. Recherchiere in der Bibliothek oder im Internet, weshalb dieser Krieg geführt wurde.

3 ***Kriegsverbrechen in Caesars Helvetierkrieg***

a Übersetze den bearbeiteten und gekürzten Text aus Caesars Werk De bello Gallico.

b Überlege dann, worin die große Ungerechtigkeit in Caesars Handeln bestand.

Flumen est Arar, quod per fines Haeduorum[1] et Sequanorum[2] in Rhodanum[3] influit[4]. Id Helvetii ratibus[5] transibant. ... Eos impeditos[6] et inopinantes[7] (Caesar) oppressit et magnam partem eorum interfecit.

1, 2 Haedui, -orum m. Sequani, -orum m. *(Gallische Stämme)*

3 Rhodanus, -i m. *Rhône*

4 influere *hineinfließen*

5 ratis,-is f. *Floß*

6 impeditus, -a, -um *unbewaffnet*

7 inopinans, Gen. -antis *ahnungslos*

1 -nd-Formen: Gerundium

Du kennst bereits eine -nd-Form: *das Gerundium*. Es ist ein ______________________

und ersetzt den substantivierten ______________________ im Genitiv, Dativ, Akkusativ

und Ablativ. Das Gerundium kann nur drei mögliche Endungen haben, nämlich

______________, ______________ und (ad) ______________ .

Wende dein Wissen über das Gerundium an, indem du folgende Sätze übersetzt:

1. Athletae cupidi currendi sunt. ______________________
2. Ad currendum properant. ______________________
3. Currendo gloriam petunt. ______________________

2 -nd-Formen: Gerundivum

In dieser Lektion lernst du das *Gerundivum* kennen. Es ist ein Verbaladjektiv. Es hat Endungen für die drei Genera Maskulinum, Femininum und Neutrum und lässt sich wie die Adjektive der a-/o-Deklination deklinieren.

Das Gerundivum kann wie ein Prädikatsnomen verwendet sein. Die folgende Übung gibt dir Gelegenheit, deine Kenntnisse über das Prädikatsnomen unter Beweis zu stellen.

a Übersetze Satz 1 – 2 entsprechend dem Beispielsatz:

Celer	athleta	est.	Celer	ist	ein Sportler.
	Prädikatsnomen	Kopula		Kopula	Prädikatsnomen

1. Vir fortis et celer est. ______________________
2. Celer athleta clarus habetur. ______________________

____

Dein Wissen kannst du nun auf das Gerundivum als Prädikatsnomen übertragen:

Gloria	petenda	est.	(Ruhm	ist	„ein zu erstrebender".)
	Prädikatsnomen	Kopula		Kopula	Prädikatsnomen
			Ruhm	ist	zu erstreben.
			→ Ruhm	*muss*	erstrebt werden.
Insidiae	parandae	non sunt.	Ein Hinterhalt *darf nicht* gelegt werden.		

b Übersetze die folgenden Sätze in gutes Deutsch:

Labores subeundi sunt. ______________________

Facinora facienda non sunt. ______________________

Praemium dandum est. ______________________

3 Das Gerundivum und der Dativ

Die Person, die etwas tun muss bzw. nicht tun darf, steht im Dativ, dem so genannten

______________________________.

Feminis ludi spectandi non erant.
Dativus auctoris

Frauen durften die Spiele nicht anschauen.
Subjekt des Satzes

a Übersetze die folgenden Sätze:

1. Eis, qui ludis praeerant, summa diligentia adhibenda erat. ______________________________

2. Athletis currendum, pugnandum, vincendum erat. ______________________________

3. Cursoribus in cursu magni labores sustinendi erant. ______________________________

b Achte bei dem folgenden Satz darauf, ob der Dativ auch ein Dativus auctoris ist:

4. Deis tauri immolandi erant. ______________________________

4 Zweierlei Sichtweisen

a Das Training für olympische Wettkämpfe verlangte von Sportlern Einsatz und Disziplin. Ein Diskuswerfer und seine Frau erzählen, was das bedeutet.
Übersetze die folgenden Sätze:

Athlet mit Hanteln. Griechische Vasenmalerei (um 510 v. Chr.)

Athleta

1 a Corpus mihi semper exercendum est.

____

2 a In stadio mihi dolores tolerandi sunt.

____

3 a Medicina falsa mihi consumenda non est.

____

4 a Voluptates mihi fugiendae sunt.

____

Uxor

1 b Cibi idonei mihi neglegendi non sunt.

____

2 b Ludi mihi ne spectandi quidem sunt.

____

3 b Itaque herbae[1] mihi colligendae[2] sunt.

____

4 b Nunc etiam mihi properandum est, ut cum amicis pila ludam.[3]

____

1 herba, -ae f. *Kraut*

2 colligere, colligo, collegi, collectum *sammeln*

3 pila ludere *Ball spielen*

b Trieben Frauen auch Sport? Was weißt du darüber?

Olympia – live

1 Auf dieser Seite erfährst du einiges über Olympia. Alle Zeitungsartikel sind fingiert, beruhen aber auf Informationen antiker Autoren. Leider ist in jedem Artikel etwas sachlich falsch. Unterstreiche den jeweiligen Fehler.

Olympia – Seit heute kämpfen die Sportler Griechenlands wieder. Gerade finden sich die besten Sportler auf der griechischen Halbinsel Peloponnes ein. Zu Ehren des Gottes Mars, dessen olympisches Standbild zu den sieben Weltwundern gerechnet wird, sind auch dieses Mal zahlreiche namhafte Athleten angereist.

540 v. Chr. – Spektakel in Olympia
Aller Augen sind auf Milon von Kroton gerichtet: Gerade hat er als Beweis für seine Bärenkräfte seinen Diskus mit Öl übergossen und steht auf dieser wackligen, rutschigen Unterlage wie angegossen. Keinem der Anwesenden ist es gelungen, ihn von dieser Unterlage zu stoßen. Woher nimmt Milon seine Kraft? Man sagt, er habe als junger Mann täglich mit einem Elefantenkalb trainiert, das er auf seinen Schultern eine bestimmte Etappe forttrug. Das Tier wurde von Tag zu Tag schwerer und Milons Kräfte größer.
Beobachter der Kraftsportszene fragen sich derzeit, ob Milon gedopt ist. Fest steht, dass sein Sportarzt seine Diät von gedörrten Feigen auf Steaks umgestellt hat. Aus Freundeskreisen wird berichtet, dass Milon täglich 10 kg Fleisch, 10 kg Brot und 10 Liter Wein zu sich nimmt.

776 n. Chr. Man veranstaltet die ersten Olympischen Spiele der Geschichte. Dieses Fest der Griechen zeigt, dass sie trotz aller Streitigkeiten eine Gemeinschaft in Religion, Sprache und Kultur sind. Doch nicht alle dürfen bei diesen ersten Olympien dabei sein. Vier Voraussetzungen müssen diejenigen erfüllen, die den begehrten Siegespreis von Olympia nach Hause tragen wollen: Sie müssen Griechen sein und männlich. Frauen ist das Zuschauen und erst recht die Teilnahme als Wettkämpferin untersagt. Nur junge unverheiratete Mädchen sind von dem Verbot ausgenommen. Verurteilte oder vor Gericht Angeklagte sind zu dem Gottesdienst nicht zuzulassen. Nur die leistungsstärksten Athleten sollen in Olympia antreten. Deshalb müssen sie im Voraus ihre Eignung in der Stadt Elis unter Beweis stellen.

2 Überlege: Wie sah es bei den antiken Olympischen Spielen aus, was die Bereiche Gleichberechtigung, Doping, Fairplay und das Motto „Dabeisein ist alles“ betrifft.

3 Bildet drei Gruppen und überlegt, wie man Szenen für Pressefotos zu den Texten gestalten könnte.

ATTRIBUTE: DAS SALZ IN DER SUPPE

Das Märchen vom Wolf und den sieben Geißlein hat ein Happy End: Der Wolf findet sein Ende in einem Brunnen. Dass der hinterlistige, böse und gierige Wolf, der die kleinen, unschuldigen Geißlein gefressen hat, so endet, findest sicher auch du irgendwie angemessen.
Warum eigentlich? Der Wolf wollte doch nur seinen Hunger stillen. Er ist Fleischfresser und ernährt sich nicht von Früchten. Seit einiger Zeit haben sich Wölfe im Osten Deutschlands wieder angesiedelt. Sie stehen unter strengem Schutz. Es wird betont, dass Wölfe für Menschen ungefährlich sind. Man hebt ihre Bedeutung für das Gleichgewicht in der Natur hervor. Warum finden wir also nicht ein ökologisch wertvolles Tier sympathisch, sondern die Geißlein? Schuld daran sind – die Attribute! Attribute weisen ihren Bezugswörtern Eigenschaften zu, die das Fühlen und Denken des Lesers beeinflussen.
Betrachten wir unter diesem Gesichtspunkt den Anfang des Textes; da war die Rede vom

„hinterlistigen, bösen und gierigen Wolf"

und von

„kleinen, unschuldigen Geißlein".

Die Attribute *hinterlistig, böse und gierig* sind negativ und nehmen uns gegen den Wolf ein, die Attribute *klein und unschuldig* sind positiv und rufen unser Mitleid mit den Geißlein hervor. Durch den gezielten Einsatz von Attributen kann uns ein Autor beeinflussen! Das wird deutlich, wenn wir die Attribute „umdrehen":

„Kleiner, unschuldiger Wolf",

„Hinterlistige, böse und gierige Geißlein".

Jetzt wandelt sich das Bild: Unser Mitleid gilt dem kleinen unschuldigen Wolf, der unter Mitwirkung der hinterlistigen, bösen und gierigen Geißlein in den Brunnen befördert wurde.
Attribute sind das „Salz in der Suppe", durch das der Autor den Leser beeinflusst. Deshalb gilt es für einen aufmerksamen Leser, diese Attribute zu registrieren und dadurch herauszufinden, zu welcher Meinung der Autor den Leser bringen möchte. Danach kann sich der Leser selbst seine Meinung über den geschilderten Sachverhalt bilden.

Formen von Attributen im Lateinischen

Du hast bisher vier Arten von Attributen kennen gelernt:

- Diogenes *sapiens* – *der weise* Diogenes: Adjektiv in KNG-Kongruenz (*adjektivisches Attribut*)
- Diogenes *philosophus* – *der Philosoph* Diogenes oder
  Diogenes, *vir sapiens* – Diogenes, *der weise Mann*:
  Das Bezugswort (hier: Diogenes) wird ergänzt durch ein Substantiv (und ein Adjektiv). Diese Ergänzung steht im gleichen Kasus und Numerus wie das Bezugswort und wird *Apposition* (Beifügung) genannt.

- dolium *philosophi* – das Fass *des Philosophen*: Die Ergänzung steht im Genitiv (*Genitivattribut*).
- Diogenes, *cui nulla re opus est* – Diogenes, *der nichts braucht*: Die Ergänzung ist ein *Relativsatz*.

Alle diese Arten des Attributs weisen den *Personen* und *Sachen*, die sie ergänzen, *Eigenschaften* zu.

Übung: Marius, eine umstrittene Persönlichkeit

Marius wurde schon in der Antike unterschiedlich beurteilt. Weise ihm die entsprechenden Eigenschaften zu und übersetze die Sätze.

1 avarus, -a, -um *geizig, habgierig*

bonum atque strenuum / avarum[1] atque saevum

1. Senator: Scimus Marium virum ______________________ esse.

____

2. Miles: Scimus Marium virum ______________________ esse.

____

Attributart: ______________________

consulem prudentem ac sapientem/ consulem imperandi cupidum

3. Senator: Videmus Marium, ______________________, numerum militum augere. ______________________

____

4. Miles: Videmus Marium, ______________________, numerum militum augere. ______________________

____

Attributart: ______________________

pro se ipso contendit / pro re publica contendit

5. Senator: Putamus Marium imperatorem esse, qui ______________________

____

____

6. Miles: Putamus Marium imperatorem esse, qui ______________________

____

______________________.

Attributart: ______________________

1 ***Ludus Olympicus***

Am besten spielt ihr dieses Spiel zu zweit: Wer als Erstes am Ziel ist, hat am besten gearbeitet. Du kannst dich mit dem Spiel aber auch alleine testen. Du brauchst eine Spielfigur für jede(n) Spieler(in) und einen Würfel.
Rücke die gewürfelte Zahl vor. Wenn du die Aufgabe richtig gelöst hast, darfst du auf dem Feld stehen bleiben. Hast du einen Fehler gemacht, musst du drei Felder zurückgehen. Sollte es dir mehr als dreimal passieren, dass du zurückgehen musst, solltest du die Lektionen 35–37 nochmals gründlich wiederholen. Alles klar? – Dann los!

Konjugiere				Zu welchem Bereich (Krieg, Sport, Zusammenleben) gehören folgende Vokabeln?	Zu welchen olympischen Wettkämpfen gehören folgende Begriffe?
im Konjunktiv Präsens Aktiv	im Konjunktiv Imperfekt Aktiv	im Konjunktiv Perfekt Aktiv	im Konjunktiv Plusquamperfekt Passiv		
1. cogere	7. rogare	13. condere	19. referre	25. Olympiis interesse	31. Stadion
2. promittere	8. intellegere	14. optare	20. efficere	26. clades	32. Zügel
3. inire	9. alere	15. regere	21. pellere	27. conscribere	33. Lederriemen
4. interesse	10. egere	16. visitare	22. alere	28. res publica	34. Speer
5. currere	11. ostendere	17. vertere	23. laudare	29. concordia	35. Diskus
6. conscribere	12. consumere	18. amittere	24. intellegere	30. hostis	36. Wagen

Lektion 38 ◀ MEINE GRAMMATIK

1 Die -nd-Konstruktion

a Eine weitere Verwendung des Gerundivums hast du in dieser Lektion kennen gelernt. Man kann sie in der deutschen Sprache nicht nachahmen. Wir müssen daher bei der Wiedergabe die lateinische Konstruktion völlig umbauen.

1 bibere *trinken*

Umbauplan für die -nd-Konstruktion Gerundivum					
		-nd-Konstruktion			
Lydus	occasionem	*aquae*	*bibendae*[1]	quaerebat.	LATEIN
Subj.	Obj.	Attribut zum Objekt	Attribut zu aquae	Prädikat	↓
Lydus suchte eine Gelegenheit, (um) Wasser zu trinken.					DEUTSCH
		Infinitiv mit zu			

Das Gerundivum richtet sich also in Kasus, Numerus und Genus nach ____________________

____________________ .

Die typische Übersetzung: ____________________ Manchmal ist auch eine Substantivierung des Gerundivums möglich. Gelegentlich passt auch ein Nebensatz.

b Diese Konstruktion war für die Römer *bedeutungsgleich* mit dem *erweiterten Gerundium*. (Sie konnten auch schreiben: Lydus occasionem *aquam bibendi*[1] quaerebat.) Im klassischen Latein ist allerdings die Konstruktion mit dem Gerundivum häufiger. Übersetze nun folgende Sätze. Suche jeweils eine gute Übersetzung für die -nd-Konstruktion:

1. Multi homines omnem occasionem pecuniae augendae quaerunt.

____

____

2. Auro emendo divitias suas augere cupiunt.

____

2 opes, -um f. *Reichtum*

3. Opum[2] augendarum causa etiam scelera committunt.

____

3 voluntas, -atis f. *Wille, Bereitschaft*

4. Saepe eius modi hominibus etiam voluntas[3] deos colendi deest.

____

____

2 *Lateinische Konstruktionen – Übersicht*

Du kennst jetzt alle lateinischen Konstruktionen, die mit Infinitiven, Partizipien und -nd-Formen gebildet sind. Meist bestehen sie aus mehreren Wörtern und ergeben im Deutschen einen Nebensatz (Im Lateinischen sind sie ein Satzteil und nicht durch Komma abgetrennt).

Verbform	Konstruktion	übersetzt als
Infinitiv d. Gleichzeitigkeit d. Vorzeitigkeit	AcI gleichzeitig vorzeitig	dass-Satz
Partizip d. Gleichzeitigkeit Akt. d. Vorzeitigkeit Pass.	– PC (Participium Coniunctum) – Abl. abs. (Ablativus absolutus)	konjunktionaler Nebensatz
-nd-Form	Gerundiv-Konstruktion (Gerundium)	(verkürzter) Finalsatz, Infinitiv mit zu

Identifiziere die jeweilige Konstruktion und übersetze entsprechend:

1 pumex, pumicis m. *Bimsstein*

1. Homines *pumices*[1] *de caelo cadentes* timebant.

   Konstruktion: ______________________

   ____

   ____

2 ignis, -is m. *Feuer*

2. *Ignibus*[2] *de caelo cadentibus* multi homines urbem reliquerunt.

   Konstruktion: ______________________

   ____

   ____

3. Tum *noctem multa luce appropinquavisse* cognoverunt.

   Konstruktion: ______________________

   ____

   ____

4. Itaque multi *ad deos orandos* manus ad caelum sustulerunt.

   Konstruktion: ______________________

   ____

   ____

5. Sed *multis hominibus deos orantibus* urbs deleta est.

   Konstruktion: ______________________

   ____

   ____

Katastrophen

1 Es hat immer wieder Katastrophen gegeben, bei denen viele Menschen ums Leben kamen und enorme Sachschäden entstanden. Auch heute sind wir gegen viele Naturkatastrophen ziemlich machtlos. Schon in der Bibel wird von Naturkatastrophen erzählt, die als Strafen Gottes dargestellt werden (z. B.: die Zerstörung von Sodom und Gomorra durch Schwefel und Feuer, die vom Himmel regneten).
Ordne die folgenden Katastrophen der richtigen Jahreszahl zu:

um 1450 v. Chr.	Während des Krieges gegen Sparta tötet die Pest in Athen ein Drittel der Einwohner und beeinflusst den weiteren Verlauf des Krieges. Der berühmte Staatsmann Perikles stirbt.
429 v. Chr.	Ein Vulkanausbruch auf der Ägäis-Insel Thera bewirkt gewaltige Zerstörungen.
64 n. Chr.	Am 24. August bricht um 13.30 Uhr ein Vulkan aus und vernichtet mehrere Städte Kampaniens.
79 n. Chr.	Die Pest sucht die Stadt Rom heim. Auf ihrem Höhepunkt tötet die Seuche jeden Tag 2000 Menschen. Sie breitet sich im Reich aus. Folge: Es fehlen Soldaten und Arbeitskräfte. Das führt zu einigen Problemen. Auch Kaiser Marc Aurel stirbt.
180 n. Chr.	Am 19. Juli bricht im Circus Maximus Feuer aus, das zwei Drittel der Stadt zerstört. Der Kaiser macht die Christen zu Sündenböcken.
1348 n. Chr.	Ein Beben löst im Indischen Ozean einen Tsunami aus, der mehrere 100 000 Menschen tötet; ca. 1,5 Millionen Menschen werden obdachlos.
26. Dez. 2004	Die Pest breitet sich in Europa aus. Sie tötet etwa ein Drittel der europäischen Bevölkerung. In manchen Gegenden werden ganze Gemeinden innerhalb weniger Tage völlig ausgelöscht.

2 ***Katastrophal***

Katastrophen haben oft verheerende Auswirkungen auf Infrastruktur und Leben der Menschen. Sortiere aus der folgenden Liste alle Wörter heraus, die man bei der Beschreibung einer Katastrophe verwenden kann:

incendium • inopia • ignominia • ingenium • fames • fides • facies • gaudium • iniuria • metus • onus • otium • periculum • pernicies • praeda • temeritas

3 ***Was man machen könnte***

Überlege, was dem Sklaven Lydus bei dem Vulkanausbruch möglicherweise helfen könnte:

magistratus vocare • philosophiam discere • orationem habere • loca plana adire • poetam audire • oratorem rogare • milites cogere • praeceptorum meminisse • facinora neglegere • divitias colligere • servos emere

1 ***Was passt wie?***

Wiederhole zunächst die Vokabeln der Lektionen 33 bis 37. Stelle dann aus der folgenden Liste die passenden Komposita mit ihren Bedeutungen zusammen:

in-	-esse	versprechen
pro-	-ferre	zusammentragen, vergleichen
ef-	-ficere	verwenden, verbrauchen
con-	-sumere	dabei sein, teilnehmen
con-	-mittere	hineingehen, betreten
inter-	-ire	bewirken

_______________ – _______________

_______________ – _______________

_______________ – _______________

_______________ – _______________

_______________ – _______________

_______________ – _______________

2 ***Leicht verwirrt***

Stelle die richtige Reihenfolge der Buchstaben her:

(sucas) _______________ , -us m. Fall, Zufall

(muceter) _______________ (Adv.) übrigens, außerdem

(acifle) _______________ (Adv.) leicht, mühelos

(miotu) _______________ , -i n. freie Zeit, Ruhe

(veirb) _______________ (Adv.) in kurzer Zeit

(sigam) _______________ (Adv.) eher; mehr

(epenter) _______________ (Adv.) plötzlich

(canusif) _______________ , -oris n. Tat, Untat

1 *„Kleine" Verben – neu und alt*

Ergänze die neuen Verbformen, wiederhole die bekannten Verben.

	velle	nolle	ire	esse	posse
Ind.	volo	nolo	eo	sum	possum
Präs.	vis	non ___	___	___	___
	vult	non ___	___	___	___
	volumus	nolumus	___	___	___
	vultis	non ___	___	___	___
	volunt	nolunt	___		___
Ind.	vol eba m	nol eba m	i ba m	era m	pot era m
Imperf.	vol ___	nol ___	i ___	era ___	pot ___
	vol ___	nol ___	i ___	era ___	pot ___
	vol ___	nol ___	i ___	era ___	pot ___
	vol ___	nol ___	i ___	era ___	pot ___
	vol ___	nol ___	i ___	era ___	pot ___
Ind.	vol a m	nol a m	i b o	er o	pot er o
Futur I	vol e ___	nol e ___	i bi ___	eri ___	pot ___
	vol ___	nol ___	i ___	eri ___	pot ___
	vol ___	nol ___	i ___	eri ___	pot ___
	vol ___	nol ___	i ___	eri ___	pot ___
	vol ___	nol ___	i bu ___	er u ___	pot eru ___
Konj.	vel i m	nol i m	e a m	s i m	pos si m
Präs.	vel ___	nol ___	e ___	s ___	pos ___
	vel ___	nol ___	e ___	s ___	pos ___
	vel ___	nol ___	e ___	s ___	pos ___
	vel ___	nol ___	e ___	s ___	pos ___
	vel ___	nol ___	e ___	s ___	pos ___
Konj.	vel le m	nol le m	i re m	es se m	pot esse m
Imperf.	vel ___	nol ___	i ___	es ___	pot ___
	vel ___	nol ___	i ___	es ___	pot ___
	vel ___	nol ___	i ___	es ___	pot ___
	vel ___	nol ___	i ___	es ___	pot ___
	vel ___	nol ___	i ___	es ___	pot ___
Ind. Pf.	volu i	nolu i	i i	fu i	potu i
Ind. Plqf.	volu eram	nolu eram	i eram	fu eram	potu eram
Kj. Pf.	volu erim	nolu erim	i erim	fu erim	potu erim
Kj. Plqf.	volu issem	nolu issem	issem	fu issem	potu issem

Lerntipp: Viele Tempus- und Moduszeichen wiederholen sich, im Perfektstamm sind sie alle gleich. Benutze beim Ausfüllen als Lernhilfe Farbstifte.

2 *malle*

Bilde nach dem Muster von velle und nolle die Formen von malle.

3 Bestimmung klar?

Gelegentlich gibt es ganz andere Wörter, die genauso aussehen wie Formen der „kleinen“ Verben. Bestimme alle Wörter (Wenn es mehrere Möglichkeiten gibt, ist dies angegeben.):

vis (2) ______________________ / ______________________

eo (3) ______________ / ______________ / ______________

eam (2) ______________________ / ______________________

vultus ______________________

vultis ______________________

4 Bestimmung ganz klar!

Im Satz gibt es meist nur eine einzige passende Möglichkeit. Die anderen scheiden aus. Bestimme richtig und übersetze:

1. Caesar haec verba dixit: „Ista quidem *vis* est.“ ______________________

2. Poeta dixit: „Si *vis* amari, ama!“ ______________________

3. Tuus *vultus* me terret. ______________________

4. Quid *vultis*, amici? ______________________

5. Licetne vim *vi* repellere? ______________________

5 Der Kontext ist wichtig!

Bei der Übersetzung eines Wortes muss man dann auch auf die anderen Wörter in der Umgebung achten. Sie präzisieren jeweils die Bedeutung.

1. Verres *signum* Mercurii rapere voluit. – Praetor *signum* proelii committendi dedit.

2. Magistratus vincula servi *solvit*. – Caesar multam pecuniam pro populo *solvit*.

3. Cicero *causam* suscipere noluit. – Cicero *causam* iniuriae invenit.

Was ist Recht?

a Das römische Recht wurde jahrhundertelang weiterentwickelt. Es prägte die Rechtssysteme vieler Länder und Völker bis in die Neuzeit. Manche römischen Rechtsgrundsätze gelten noch heute. Übersetze sie:

1. Agendo nemo facit causam suam malam.

____

2. Arma in armatos sumere iura concedunt[1]. (heute: §227 BGB)

____

3. Auctoritas, non veritas[2] facit legem.

____

____

____

4. Beati possidentes sunt. (heute: §1006 BGB)

____

____

____

5. Civitas non mutatur, sed amittitur.
(heute: §25 RuStAG, Reichs- und Staatsangehörigkeitsgesetz)

____

6. Contra vim non valet ius.

____

7. Da mihi factum, dabo tibi ius. (heute: §293 ZPO)

____

8. Donare est perdere.

____

(Zitiert nach: Detlef Liebs: *Lateinische Rechtsregeln und Rechtssprichwörter.* München 1982)

b Informiere dich über die Bedeutung der Begriffe Recht, Gesetz und Grundgesetz; schlage die angegebenen Paragraphen in den genannten Büchern nach.

1 concedere *erlauben, gestatten*

2 veritas, -atis f. *Wahrheit*

1 ***Grundform gesucht***

Wiederhole zunächst die Vokabeln der Lektionen 36 bis 39. Bestimme dann die folgenden Verbformen, gib jeweils die Grundform und die Bedeutungen an.

	Bestimmung	Grundform	Bedeutungen
promisisti	2. Pers. Sg. Ind. Perf. Akt.	promittere	versprechen
coegerit			
verterent			
curram			
noverant			
odisset			
oretur			
inibit			
sumptum erat			

2 ***Immer wieder -i***

Gib die Bestimmungen und Bedeutungen an:

viv-	-i	
terror-	-i	
tradux-	-i	
dilig-	-i	
superfu-	-i	
iudic-	-i	
portu-	-i	

1 Deponentien erkennen ...

Deponentien kann man nur erkennen, wenn man die Stammformen gut gelernt hat.
Gib jeweils die Stammformen und die Bedeutung der folgenden Verben an:

Deponens	JA	NEIN	Stammformen	Bedeutung
tutatus sum				
tributum est				
versabatur				
vertebatur				
vincitur				
veretur				

2 ... und übersetzen

In diesem Fall kommt es darauf an, das Personen-Kennzeichen richtig zu deuten. Finde die bedeutungsgleichen Formen heraus und schreibe sie in deinem Heft nebeneinander.

arbitrari		putare	
arbitror	arbitrare	puta	putaveratis
arbitratus es	arbitretur	putantes	putarent
arbitrari	arbitrantes	putate	putabatis
arbitrabamini	arbitrati eratis	putavisti	putare
arbitrarentur	arbitramini	puto	putet

3 Deponentien gesucht!

Suche alle Formen von Deponentien heraus und nenne zu ihnen den Infinitiv und dessen deutsche Bedeutung:

meritus • arbitratus • traductus • mixtus • oratus • conatus • recordatus • collectus • sumptus • confessus • emptus • veritus • admiratus • miseritus • coactus • cunctatus • promissus • intellectus • conditus • versatus • concessus

4 Deponens – ja oder nein?

Übersetze!

1. Miles mercatores tutatus est.
2. Omnes deos verentur.
3. A magistris non omnia conceduntur.

5 *Facere – im Passiv*

a Grundsätzlich bildet facere seine Formen wie capere. Das Passiv von facere bildet allerdings eigene Formen im Präsensstamm. Ergänze die Tabelle:

	Indikativ		Konjunktiv	
Präsens	fi o ______	fi ______	fi a m ______	fi a ______
	fi ______	fi ______	fi a ______	fi a ______
	fi ______	fi unt ______	fi a ______	fi a ______
Imperfekt	fi eba ______	fi eba ______	fi ere ______	fi ere ______
	fi eba ______	fi eba ______	fi ere ______	fi ere ______
	fi eba ______	fi eba ______	fi ere ______	fi ere ______
Futur I	fi a ______	fi e ______		
	fi e ______	fi e ______		
	fi e ______	fi e ______		

b Stelle alle Formen der 3. Pers. Sg. und Pl. von facere zusammen.

c Komposita von facere wie z. B. conficere bilden im Passiv nicht diese besonderen Formen, sondern die üblichen. Stelle alle Formen der 3. Pers. Sg. und Pl. von conficere zusammen.

6 *Alles ziemlich leicht*

Wenn du dir überlegst, was die Vorsilben bedeuten, kannst du die Bedeutung der zusammengesetzten Verben leicht erschließen:

Verb	Vorsilbe	Bedeutung der Vorsilbe	Bedeutung des Verbs
abire	ab-	weg-	weggehen
abesse			
adducere			
adire			
afferre			
componere			
deducere			
educere			
inducere			

Auch Caesar!

1 Caesar wurde als junger Mann von Piraten gefangen genommen. Der folgende Text, der davon berichtet, ist leider etwas durcheinandergeraten. Überlege, anhand welcher typischer Textmerkmale man die richtige Reihenfolge der Sätze erkennen kann. Ordne und übersetze:

1. Post multos dies ii, qui ad pecuniam petendam missi erant, redierunt.

2. Cum eo navigaret, subito piratae, qui tum in mari versabantur, eum eiusque socios oppresserunt.

3. Caesar adulescens Rhodum insulam iter facere voluit.

4. Tandem magna pecuniae copia soluta Caesar in loca deserta portatus est.

5. Caesar a piratis captus diu in potestate eorum vitam agebat nonnullis sociis pecuniae postulandae causa dimissis.

6. Sed is liberatus statim militibus comparatis piratas cepit et poena affecit.

Richtige Reihenfolge: ____________________

1 ***Piratenwortschatz***

Sortiere, was Piraten wollen und was sie hassen. Trage ein:

Was Piraten wollen:	Was Piraten hassen:

homines divites diripere • pecuniam • divitias rapere • artificia colligere • poenam • repente classem praetoris videre • aurum et argentum • iudicem • supplicium

TEMPORA MUTANTUR – DIE ZEITEN ÄNDERN SICH ...

... nicht nur im Leben, sondern auch beim Übersetzen von der einen Sprache zur anderen. Auf dieser Doppelseite erfährst du, welche grundlegenden Unterschiede bei der Verwendung der Tempora zwischen dem Lateinischen und dem Deutschen bestehen. Und du findest Tipps, wie du diese Unterschiede bei der Übersetzung berücksichtigen kannst.

Was bedeutet übersetzen?

Übersetzen bedeutet, Sprache so zu übertragen, dass das Gemeinte möglichst sinngetreu und der Zielsprache angemessen wiedergegeben wird. Wenn du vom Lateinischen ins Deutsche übersetzt, kannst du manchmal nicht „wörtlich" übersetzen, sondern musst Übersetzungsmöglichkeiten wählen, die der deutschen Sprache angemessen sind. Das kennst du bereits vom AcI, PC oder Abl. abs. Dies gilt aber auch für drei Tempora, in deren Gebrauch sich die lateinische und deutsche Sprache unterscheiden: Futur, Imperfekt und Perfekt.

Futur

Stell dir vor, du wartest auf einem Flughafen. In einer halben Stunde startet dein Flugzeug nach Rom. Auf die Frage nach dem Ziel deiner Reise würdest du natürlich antworten: „Ich fliege nach Rom!" Du würdest also, obwohl die Maschine erst in einer halben Stunde, d.h. in der Zukunft startet, das Präsens verwenden. Das Präsens reicht hier aus, um sich verständlich zu machen. Die Situation ist eindeutig. Würdest du Lateinisch antworten, müsstest du sagen: „Romam ibo!" – im Lateinischen ist das Futur unbedingt erforderlich. Welche Schlussfolgerung für die Wiedergabe des lateinischen Futurs ziehst du aus dem unterschiedlichen Tempusgebrauch der beiden Sprachen?

Imperfekt und Perfekt

In lateinischen Texten, die etwas erzählen, treten Imperfekt und Perfekt wie Zwillinge stets gemeinsam auf. Wenn du diese Erzählungen „richtig" übersetzt, gibst du diese zwei Tempora im Deutschen mit dem Präteritum wieder.
Ein lateinischer Autor kann mit dem Wechsel von Imperfekt und Perfekt seine Erzählung kunstvoll gestalten: Die Handlungen im Perfekt stehen für die eigentliche Erzähllinie, den Vordergrund. Das Imperfekt beschreibt das unterstützende Material, den Hintergrund. Du als Leser(in) kannst unterscheiden, was der Autor als Vordergrund, was als Hintergrund ansieht. Bei der Übersetzung gibst du dies alles „nur" im Präteritum wieder.

Wann wird ein Perfekt als Perfekt wiedergegeben?

Nach einem richtig guten Mittagessen kannst du, wenn du mit dem Essen fertig bist, abschließend feststellen: „Das hat geschmeckt!" Wenn jemand, vor allem in direkter Rede, etwas abschließend feststellt (konstatiert), dann ist die Übersetzung mit dem Perfekt angebracht (so genanntes konstatierendes Perfekt).
Man kann grob schätzen, dass in lateinischen Texten zu 95 % erzählendes Perfekt vorliegt, das mit dem Präteritum übersetzt wird. Nur in 5 % der Fälle muss das (konstatierende) Perfekt auch mit Perfekt wiedergegeben werden.

Übung: Was braucht der Mensch? Wie soll er leben?

Du hast Diogenes bereits in Lektion 34 als Philosophen kennen gelernt, der seinen Mitmenschen eine bedürfnislose Lebensweise vorlebte. Folgende zwei Anekdoten werden über ihn erzählt:

a Übersetze die Texte.
b Welche Tempora unterscheiden sich in der Wiedergabe? Begründe deine Übersetzung.

Diogenes secundum[1] naturam vivere semper studebat. Aliquando puerum quendam vidit, qui e manibus cavis[2] bibit[3]. Diogenes: „Etiam in hoc natura providit! Poculo[4] non egebo." Dixit et poculum[4] abiecit.

1 secundum (b. Akk.) *gemäß*
2 cavus, -a, -um *hohl*
3 bibere, bibo, bibi *trinken*
4 poculum, -i n. *Becher*

Quodam die, cum populus theatro[5] exiret, Diogenes adversum[6] populum ibat. Quidam cives Diogenem interrogaverunt: „Cur id facis?" Diogenes respondit: „Hoc in omni[7] vita feci!"

5 theatrum, -i n. *Theater*
6 adversum (b. Akk.) *gegen, entgegen*
7 omnis, -e *hier: ganz*

1 *Wortschatz*

Sortiere, aber bitte in der Grundform:

versari • irrideri • ignari • ducti • certamini • conari • terrori • diligi • mereri • traduci • vereri • iudici • motui • emi • oravi • miscui • transi • sedi • tecti • impetui • vidi

Verb, das ein vollständiges Formensystem bildet	Deponens	kein Verb

21–19 Angaben richtig	18–15 Angaben richtig	weniger als 15 Angaben
Du hast den Wortschatz gut gelernt.	Du musst die Vokabeln mit allen Angaben nochmals wiederholen.	Du hast die wichtigen Angaben zu den Vokabeln nicht gelernt. Wiederhole!

2 *Grammatik*

Um welche Konstruktion handelt es sich?

1. Servus *cibi emendi* causa in foro fuit. Konstr.: ____________
2. In taberna quadam *ornamenta ex auro facta* vidit. Konstr.: ____________
3. *His rebus visis* servus laetus domum rediit. Konstr.: ____________
4. Hic *se pulchra ornamenta vidisse* narravit. Konstr.: ____________
5. Inde *taberna* omnibus servis *intranda non erat.* Konstr.: ____________

5 Angaben richtig	4/3 Angaben richtig	weniger als 3 richtig
Du hast keine Probleme.	Du solltest die Methodentipps nochmals durcharbeiten.	Du musst die lateinischen Konstruktionen üben.

3 *Kulturgeschichte*

Richtig oder falsch?

1. Im August 79 v. Chr. brach der Vesuv aus.
2. Der Vulkanausbruch vernichtete nur die Stadt Pompeji.
3. C. Verres hatte als Statthalter die Provinz Sizilien ausgebeutet.
4. Cicero kannte Sizilien von seiner Amtszeit als Quästor.
5. Verres wurde verurteilt und starb im Gefängnis.
6. Auch Pompejus hatte erfolglos gegen die Piraten gekämpft.
7. Einige berühmte Gallier hatten stets großen Erfolg gegen alle Piraten.

	recte	false
1.		
2.		
3.		
4.		
5.		
6.		
7.		

7/6 Angaben richtig	5/4 Angaben richtig	weniger als 4 Angaben richtig
Du hast keine Probleme.	Du solltest die Informationstexte der Lektionen 38–40 noch einmal aufmerksam lesen.	Du musst die Informationstexte nochmals genau durcharbeiten.

Lektion 41 ◀ **MEINE GRAMMATIK**

1 *Wiederholung: Konjunktiv im Nebensatz*

a Ordne die unten stehenden Subjunktionen in die folgende Tabelle ein.
b Kreuze an, mit welchem Modus sie stehen, und notiere ihre Bedeutungen im Deutschen.

Nr.	Konjunktion	mit Konj.	mit Ind.	Bedeutungen	
– – – – –					temporal
– –					final
– –					konsek.
– – – –					kausal
– –					kondit.
– –					konzess.

priusquam • quamquam • cum (4) • nisi • quod • dum • postquam • ut (2) • quia • ne • quoniam • si • ut non

c Für die Übersetzung ins Deutsche gilt: Der Konjunktiv der lateinischen Adverbialsätze

wird in der Regel mit dem ______________________ wiedergegeben.

Ausnahme: bestimmte konditionale Satzgefüge:

1. Si taceres, philosophus maneres. ______________________
2. Si tacuisses, philosophus mansisses. ______________________

2 *Konjunktiv im Hauptsatz*

a Übersetze den folgenden Text und gib an, welcher Satz eine *Aufforderung*, eine *überlegende Frage*, einen *Wunsch* oder welcher ein *Verbot* ausdrückt.

1. Magister: „Marce, vocabula bene discas (____________________)!“
2. Marcus domi deliberat: „Vocabula discam (____________________) an in horto cum amicis ludam (____________________)?“
3. Amici clamant: „Veni, Marce! In horto ludamus (____________________).“
4. Sed mater ad amicos: „Ne clamaveritis (____________________)! Marcus non veniet. Vocabula discat (____________________).“

b Nun kannst du eine kleine Übersicht entwickeln, die du fast immer bei der Übersetzung lateinischer Konjunktive in Hauptsätzen anwenden kannst. Dabei bietet dir die Form des Prädikats (d.h. die *Person* und das *Tempus*) eine gute Orientierung:

Konjunktiv Präsens	
__________ an die 1. Person Singular/Plural → **Deliberativ** dt. Wiedergabe: __________	__________ an die 2. Person Singular/Plural → **Optativ** dt. Wiedergabe: __________ , __________
__________ an die 3. Person Singular/Plural → **Iussiv** dt. Wiedergabe: __________ , __________	__________ an die 1. Person Plural → **Hortativ** dt. Wiedergabe: __________ , __________
Konjunktiv Perfekt	
__________ an die 2. Person Singular/Plural → **Prohibitiv**	

3 *So oder so*

Verwandle die folgenden Befehle eines Curator aquarum an den Architekten und seine Arbeiter jeweils in den Optativ:

1. „Aquaeductum exstrue!“ → ____________________
2. „Aquam in thermas et villas distribuite!“ → ____________________
3. „Ne tantos labores timueritis!“ → ____________________
4. „Vide, ut magistratus opus statim incipiant!“ → ____________________
5. „Ne oblitus sis sumptus operis!“ → ____________________

Wassermangel in Spanien

Das trockene Klima in vielen Teilen Spaniens führt auch in diesem Sommer wieder zu großen Problemen bei der Wasserversorgung. Die letzten 12 Monate waren die trockensten seit fast 20 Jahren; Folge: Die Flüsse des Landes führen knapp 60% weniger Wasser als vor einem Jahr. Eine Minderung der großen Wasserknappheit im Süden verspricht sich die Politik von weiteren Umleitungen von Wasser aus Flüssen im Norden in den Süden. Bei diesen ehrgeizigen, milliardenschweren Projekten werden große Mengen Wasser aus vermeintlich wasserreichen Flüssen im Norden und in der Mitte Spaniens mithilfe von Kanälen in den trockenen Süden transportiert.

Bewässerungskanal in Andalusien, Spanien

Neben einer intensiven Landwirtschaft verbraucht vor allem der Tourismus, der von großer wirtschaftlicher Bedeutung für die Region ist, das kostbare Nass. Umweltschützer sehen diese Entwicklung mit großem Schrecken, denn neben einem hohen Wasserkonsum in den Hotels (regelmäßige Säuberung der Wäsche; Bewässerung zahlreicher Golfplätze etc.) fördert der Tourismus auch die Zubetonierung weiter Teile der spanischen Küste. Der Bürgermeister des 9500 Einwohner zählenden Örtchens Vera an der Südostküste Spaniens beispielsweise erklärte unlängst, er schrecke nicht davor zurück, „75 Prozent unseres Territoriums zu bebauen", da im Tourismus die Zukunft liege.

Vobis dico: Quousque[1] nullus erit lacus[2], cui non villarum vestrarum fastigia[3] inmineant[4]? Nullum flumen, cuius ripas non aedificia vestra praetexant[5]? Ubicumque[6] scatebunt[7] aquarum calentium[8] venae[9], ibi nova deversoria[10] luxuriae excitabuntur. Ubicumque[6] in aliquem sinum[11] litus curvabitur[12], vos protinus[13] fundamenta iacietis. (...) Cum multa aedificaveritis, cum ingentia, tamen et singula corpora estis et parvula[14]. Quid prosunt multa cubicula[15]? In uno iacetis. Non est vestrum, ubicumque non estis.
(Sen. epist. 89, 21)

1 Quousque *wie lange wird es noch dauern bis ...*
2 lacus, -us m. *See*
3 fastigium, -i n. *Giebel*
4 imminere (m. Dat.) *ragen über*
5 praetexere (um)säumen
6 ubicumque (Adv.) *überall, wo*
7 scatere *hervorsprudeln*
8 calere *warm sein*
9 vena, -ae f. *Ader*
10 deversorium, -i n. *Herberge, Zufluchtsort*
11 sinus, -us m. *Bucht*
12 curvare *krümmen*
13 protinus (Adv.) *unverzüglich*
14 parvulus, -a, -um *sehr klein, winzig*
15 cubiculum, -i n. *Schlafzimmer*

1 Nenne Unterschiede und Gemeinsamkeiten bei Bau und Funktion des römischen Aquädukts und seiner modernen Form in Spanien, indem du den Lektionstext mit dem oben stehenden Zeitungsartikel vergleichst.

2
a Übersetze den Text des römischen Philosophen Seneca (4 v. Chr. – 65 n. Chr.).
b Seneca kam auch aus Spanien, aus der Stadt Cordoba. Wie würde er deiner Meinung nach reagieren, wenn er den Zeitungsartikel läse?
c Schreibe auf der Grundlage seiner Ausführungen einen Leserbrief, in dem seine Reaktion und seine Einstellung zum Thema deutlich werden.

1 **Enge Beziehungen**

Viele Substantive und Verben stehen von der Form her in einem engen Zusammenhang. Zahlreiche Verben sind aus Substantiven abgeleitet.

a Ergänze die Aufstellung mit folgenden Wörtern (Einige Wörter kennst du noch nicht, du kannst aber ihre Bedeutung ableiten). Notiere dazu alle Angaben, die du auch im Vokabelverzeichnis findest: laborare • donum • terrere • fraudare • florere • gloria • dubium • laudare • clamare • certare • aedificium • cura • fuga • vulnerare • numerare

a pugna, -ae f. Kampf → pugnare – kämpfen

b ______ → ______ – ______

c ______ → ______ – ______

d ______ → ______ – ______

e ______ → ______ – ______

f ______ → ______ – ______

g ______ → ______ – ______

h ______ → ______ – ______

i ______ → ______ – ______

j ______ → ______ – ______

k ______ → ______ – ______

l ______ → ______ – ______

m ______ → ______ – ______

n ______ → ______ – ______

o ______ → ______ – ______

p ______ → ______ – ______

b Einige Substantive sind einfach aus dem PPP eines Verbs abgeleitet. Wie heißen die Verben?

a status b sumptus c casus d exercitus e victoria f dictum g praeceptum

2 **Ganz besondere Wörter**

Einige lateinische Adjektive sind mit dem Genitiv verbunden, ihre deutschen Entsprechungen aber nicht. Der folgende Merkspruch nennt die deutschen Bedeutungen, die allerdings seltsam klingen.

Suche die lateinischen Entsprechungen und gib dir bekannte Übersetzungen an: begierig • kundig • eingedenk • teilhaftig • mächtig • voll

______, ______. ______,

particeps (beteiligt an), ______, ______

1 *Wiederholung: Adjektive*

a Vervollständige die Übersicht und ordne die folgenden Beispiele zu:
pauper • celer • fortis • superbus • dives • peritus • innocens • princeps • incolumis • honestus • vehemens • vetus • acer • rectus

Lateinische Adjektive

a-/o-Deklination	Deklination – Stämme	Deklination Stämme
Erkennungsmerkmal: ______	Erkennungsmerkmal: 1-, 2-, oder 3-endig	einendig
Beispiele: ______ ______ ______ ______	Beispiele: einendig: ______ ______ ______ zweiendig: ______ ______ dreiendig: ______ ______	Nur wenige Beispiele: ______ ______ ______ ______

b Die Adjektive der Konsonantenstämme und i-Stämme der ______

Deklination unterscheiden sich nur in diesen Formen:

			Genitiv Plural
i-Stämme			ium
Konsonantenstämme			um

c Bilde von den Adjektiven in der Klammer die zum Substantiv passende Form (Manchmal hast du mehrere Möglichkeiten):

elephantos (ingens) ______

itinera (longus) ______

occasio (bonus) ______

sumptus (magnus) ______

laborem (difficilis) ______

homini (asper) ______

hominum (pauper) ______

miles (fortis) ______

senatoris (dives) ______

mente (acer) ______

mulieribus (pulcher) ______

navis (celer) ______

dona (gratus) ______

duces (prudens) ______

2 *Regelmäßige Komparation der Adjektive*

a Bilde jeweils die entsprechenden Wortpaare mit Adjektiv-Formen

des Komparativs (immer ______________ Deklination) und

Superlativs (immer ______________ -Deklination).

Markiere die Endungen entsprechend mit zwei Farben.

Positiv	Komparativ	Superlativ
legati celeres		
societati firmae[1]		
aedificium altum		
puellas pulchras		
impetum vehementem		

1 firmus, -a, -um *fest*

b Komparativ und Superlativ können sowohl *innerhalb* als auch *außerhalb* eines Vergleichs gebraucht werden. Übersetze jeweils in angemessener Weise:

Innerhalb eines Vergleichs		
Hic mons altior est quam ille.		
Hic mons altissimus omnium est.		
Die Übersetzung erfolgt durch:		
Außerhalb eines Vergleichs		
Hic mons altior est.		
Hic mons altissimus est.		
Die Übersetzung erfolgt durch Umschreibungen:	Komparativ	
	Superlativ	

c Gibt der Superlativ Eigenschaften einer Person oder Sache an, ohne sie mit anderen zu

vergleichen, erhält er einen eigenen Namen: ______________ .

Außer der Umschreibung gibt es bei der Wiedergabe grundsätzlich auch phantasievolle Varianten: deutsche Adjektive, die schon einen sehr hohen Grad bezeichnen:
Beispiel: puella pulcherrima ein bildhübsches Mädchen
Suche entsprechend treffende Übersetzungen:

navis celerrima • iter periculosissimum[2] • mens acerrima •
amphitheatrum antiquissimum • toga novissima • munus facillimum

2 periculosus, -a, -um *gefährlich*

d Ordne die Komparative und Superlative von Lektion 42, Text 1 nach dem Gebrauch innerhalb und außerhalb eines Vergleiches.

Die Beziehung Mensch – Tier

1

Seneca erzählt:

„Zufällig bin ich in die Mittagsvorstellung des Zirkus geraten, dabei erwartete ich Scherze, Witze und Entspannendes, wodurch sich die Augen der Menschen vom menschlichen Blut erholen: Das Gegenteil ist der Fall. Jeder vorherige Kampf war Barmherzigkeit; nun verzichtet man auf irgendwelche Mätzchen, es ist der reine Menschenmord. Sie haben nichts, womit sie sich schützen können. Da sie dem Hieb mit dem ganzen Körper ausgesetzt sind, schlagen sie niemals vergeblich zu. Dies ziehen die meisten den regulären und ansonsten beliebten Kämpferpaaren vor. Warum auch nicht? Weder von einem Helm noch von einem Schild wird das Schwert abgewehrt. Wozu Rüstungen? Wozu Kampfkunst? All das verzögert nur den Tod. Früh am Morgen werden Menschen den Löwen und Bären, mittags ihrem eigenen Publikum vorgeworfen. Mörder lassen sie angehenden Mördern vorwerfen und heben den Sieger für ein weiteres Morden auf. Das Ende ist der Tod der Kämpfenden. Mit Schwert und Feuer geht man vor, bis die Arena leer ist."
(Seneca, epist. 7, 3–4)

Gladiatoren im Kampf mit Löwen; römisches Relief (um 50 n. Chr.)

Ein von Eseln gezogenes Fuhrwerk vor den Mauern einer Stadt. Römisches Mosaik aus Ostia (2. Jh. n. Chr.)

Varros Ratgeber für Gutsbesitzer enthält diese Einteilung:

„Nun werde ich über die Dinge sprechen, mit denen der Ackerbau betrieben wird. Diese teilen die einen in zwei Bereiche auf, in die Menschen und die Hilfen der Menschen, ohne die der Ackerbau nicht möglich ist; andere unterteilen sie in drei Bereiche: sprechende, Laute von sich gebende und stumme Werkzeuge. Zu den sprechenden gehören die Sklaven, zu denen, die Laute von sich geben, die Ochsen, zu den stummen die Fuhrwerke." (Varro rust. 17)

a Wozu dienten Tiere nach Aussage der Texte in der römischen Antike?

b Beschreibe, was sich aus den Texten über das Verhältnis zwischen Mensch und Tier herauslesen lässt. Waren die Rollen klar verteilt?

c Ist Ciceros Beschreibung der societas cum genere humano allgemein zutreffend?

1 *Sachfeld Landwirtschaft: Vom Deutschen ins Lateinische*

a Wiederhole zunächst die Vokabeln der Lektionen 39 und 40: Sieh dir dann das Gitterrätsel an.
Dort sind sieben lateinische Begriffe aus dem Sachfeld Landwirtschaft versteckt (auch diagonal), die du in genau derselben Form, aber auf Deutsch im Informationstext von Lektion 42 finden kannst. Suche sie heraus.

b Nenne zusätzlich Grundform, Genitiv und Genus sowie alle Bedeutungen.

c Ein Begriff gehört zum Bereich der Tierhetzen. Welcher? Trage ihn unter 8 ein.

B	I	T	N	E	M	U	R	F
H	C	O	E	Q	I	A	K	C
M	A	N	I	M	A	L	I	A
I	S	S	L	I	L	F	E	P
I	E	V	O	A	I	E	R	R
N	U	N	E	U	C	G	U	A
I	M	P	Q	T	B	Q	E	R
S	Q	E	L	C	I	O	E	U
A	P	L	E	O	N	E	S	M

1. ____________________
2. ____________________
3. ____________________
4. ____________________
5. ____________________
6. ____________________
7. ____________________
8. ____________________

2 *Wortfamilien: Von gleicher Abstammung*

Zu einer Wortfamilie gehören alle Wörter gleicher Abstammung, d. h., sie haben alle dieselbe Wurzel und sind daraus zu eigenständigen Wörtern durch Präfixe, Suffixe o. Ä. ausgeformt. Die Kenntnis solcher Wortfamilien und das Lernen mit ihrer Hilfe erleichtert dir häufig das Erschließen eines lateinischen Satzes. Aus dem Verb facere und dessen Wurzel fac- beispielsweise haben sich das Adjektiv facilis und die Substantive factum und facinus entwickelt.

a Verdeutliche die Verwandtschaft der genannten Wörter, indem du sie übersetzt und dich dabei auch im Deutschen an der Grundbedeutung des Verbs facere orientierst.

b Bilde Wortfamilien zu den folgenden Wörtern, übersetze sie, nenne alle Informationen, die du zu ihnen im Vokabelverzeichnis findest.

1. memor, -oris (b. Gen.)
– ____________________
2. ____________________
3. ____________________
4. ____________________

1. frui, ____________________
– ____________________
2. ____________________
3. ____________________

1. uti, ____________________
– ____________________
2. ____________________
3. ____________________

1. pars, ____________________
– ____________________
2. ____________________
3. ____________________
4. ____________________

1 *Wiederholung: Pronomen – aber welches?*

a Schreibe auf die Karteikarten alle Pronomen (Personal-, ...), die du bisher kennst, und erläutere ihre jeweilige Aufgabe im Satz.

b Füge die jeweiligen lateinischen Pronomen (im Nominativ Singular) und ihre deutsche Bedeutung hinzu.

Personal ______________

→ ______________

Sg: ______________

Pl: ______________

Indefinitpronomen

→ ______________

____

____

____

→ ______________

____

______________ ***Pronomen***

→ ______________

a ______, ______, suus

______, vester, ______

b ______, ______

Demonstrativpronomen

→ weisen auf Personen/ Gegenstände hin

is, ea, id	– dieser, diese, dieses
iste, ista, istud	– diese(r), dieses (da)
______	– ______
______	– ______
______	– ______
______	– ______

____

→ ______________

a substantivisch: quis, quid

b ______________

c Bestimme, wenn möglich, Kasus, Numerus und Genus, die Person und die Art des Pronomens (manchmal gibt es mehrere Lösungen):

tibi	Personalpronomen, 2. Pers. Sg., Dativ
ipsis	______
ii	______
aliquarum	______
vestrum	______
hunc	______
cui	______
eadem	______
me	______
eius	______
quemque	______

2 *Die unregelmäßige Steigerung*

a Ergänze die fehlenden Formen und nenne ihre deutsche Entsprechung:

Positiv	Komparativ	Superlativ
	maior, -ius	
parvus, -a, -um		
		optimus, -a, -um (Lekt. 44)
malus, -a, -um		
multi, -ae, -a		
	plus, Gen.: pluris	

b Setze das Adjektiv der folgenden Wortpaare in den Komparativ und Superlativ:

spe parva ______________________

multorum honorum ______________________

pueri parvi ______________________

senatorem magnum ______________________

equi celeris ______________________

oratori malo ______________________

multa nomina ______________________

animal parvum ______________________

c Bilde dann zu den Wortpaaren – falls er nicht schon vorliegt – den Nominativ Singular bzw. Plural und nenne dessen Bedeutung.

d Stelle nach Form und Inhalt passende Paare zusammen und bilde dann die fehlenden Formen aus der Steigerungsreihe Positiv, Komparativ, Superlativ:

corpora • populorum • victoribus • rege • bona • mulier • imperatoribus • domino • aedificium	parvum • crudeliori • pulchra • maiora • maximis • pessimis • plurimorum • meliore • plura

La carta de Colón, anunciando la llegada a las Indias

1 In seinem ersten Brief, den Christoph Kolumbus 1493 auf der Rückreise aus dem neu entdeckten Amerika schrieb, berichtet er u. a. Folgendes über die Insel Juana – selbstverständlich auf Spanisch:

> „En ella hay[1] muchos puertos en la costa de la mar, sin comparación de otros (…). Las tierras de ella son altas, y en ella muy[2] muchas sierras y montañas altísimas, sin comparación de la isla de Tenerife; todas hermosísimas[3], de mil fechuras[4], y todas andables[5], y llenas de árboles de mil maneras[6] y altas, y parece que[7] llegan[8] al cielo (…). Hay palmas de seis o ocho maneras, que es admiración verlas[9], por la deformidad hermosa de ellas, mas así como[10] los otros árboles y frutos e hierbas[11]. En ella (…) hay miel[12], y de muchas maneras de aves, y frutas muy diversas. En las tierras hay muchas minas de metales y hay gente en estimable número."

1 hay *es gibt*
2 muy *sehr*
3 hermoso, -a *schön*
4 la fechura *Form*
5 andable *wegsam, begehbar*
6 la manera *Art*
7 parece que *es scheint, als ob/dass*
8 llegar *erreichen, ankommen*
9 verlas ≈ ver ellas
10 mas así como *ebenso wie*
11 hierbas *Gräser*
12 la miel *Honig*

a Worüber berichtet Kolumbus in diesem Briefauszug? Nenne Textbelege.

b Welchen Eindruck hat die Insel Juana auf ihn gemacht? Woran lässt sich dieser Eindruck erkennen?

c Bevor du abschließend versuchst, eine Übersetzung aus dem Spanischen ins Deutsche anzufertigen (eventuell auch unter Zuhilfenahme eines lateinisch-deutschen Wörterbuchs), bearbeite zunächst die Aufgaben zur Wortkunde. Eine Übersetzung wird dir dann bestimmt viel leichterfallen.

Lektion 43 ◀ MEIN LATEINISCHER WORTSCHATZ

1 ***Etwas Spanisch – erschlossen aus dem Lateinischen***

a Nenne zu den folgenden Begriffen ihren lateinischen Ursprung und dessen Zusätze im Vokabelverzeichnis samt Übersetzung (Manchmal kannst du im Lateinischen vielleicht nur eine andere Wortart nennen):
muchos • mar • comparación • altas • montañas • mil • admiración • como • gente • número?

b Um welche grammatikalischen Formen handelt es sich bei altísima und hermosísima?

c Etwas Sprachwissenschaft: Wie lauten die lateinischen Ursprünge zu:
puerto • cielo • tierra?
Versuche anhand dieser Wörter Regeln festzustellen, die für die Entwicklung des Spanischen aus dem Lateinischen gelten (Hilfe: aus dem lat. ae ist zunächst ein einfaches e geworden).

d llegar (sprich: ljegar) kommt von (ap)plicare – heranbringen, nähern. Aus pl (ebenso wie cl) wird also ll. Woraus hat sich das Adjektiv lleno, -a entwickelt und was bedeutet es? Was heißt dann auch flach, eben auf Spanisch? Das spanische Wort für rufen ist aus clamare enstanden, wie lautet es wohl?

e Ella ist das Personalpronomen der 3. Person Singular femininum, es ist aus einem anderen Pronomen im Lateinischen hervorgegangen. Welchem?

DIE PASSENDE BEDEUTUNG FINDEN

Vergessen ist unvermeidlich! Und nicht so schlimm: Man kann ja viele Dinge nachsehen, die man vergessen hat – auch Vokabeln. Du kannst das Vokabelverzeichnis von Salvete benutzen. Später steht dir ein lateinisches Lexikon zur Verfügung. Allerdings: Mit diesem Hilfsmittel muss man umgehen können – auf dieser Doppelseite erhältst du Hinweise dazu.
In Wörterbüchern stehen alle möglichen Bedeutungen eines Wortes. Im Text, der übersetzt werden soll, passt nur eine. Welche Strategie gibt es, die an einer bestimmten Textstelle gemeinte Bedeutung auszuwählen? Ein Beispiel: Cicero sagt zu Beginn der Rede gegen Verres:

„Recepi enim causam Siciliae."

Ein Wörterbucheintrag zu causa könnnte so aussehen:

causa, -ae f. Grund, Beweggrund, Ursache, Sachverhalt;
Streitsache, Rechtssache, Prozess, Streitfall;
Lage; persönliche Beziehung

Die Übersetzung müsste, wenn du alle Möglichkeiten berücksichtigst, wie folgt lauten:

„Denn ich habe
den Grund / Beweggrund / die Ursache/ den Sachverhalt / die Streitsache /
die Rechtssache / den Prozess / den Streitfall / die Lage / die persönliche Beziehung
Siziliens übernommen."

Welche dieser Bedeutungen gemeint ist, entscheidet der inhaltliche Zusammenhang (Kontext), in dem dieser Satz steht. Erinnere dich: Cicero hatte als Anwalt im Namen der Provinz Sizilien den Statthalter Verres verklagt. Der Kontext deutet also auf eine Gerichtsverhandlung hin. Daraus ergibt sich folgende Übersetzung:

„Denn ich habe die Rechtssache Siziliens übernommen."

Die grundlegende Strategie, mehrdeutige Wörter eindeutig zu machen, besteht darin, den inhaltlichen Zusammenhang herausfinden (vgl. Salvete, Neue Ausgabe, S. 84–85: Übersetzungstraining 3) und ihn bei der Auswahl der Wortbedeutungen zu beachten. Das kannst du bei der Übersetzung des folgenden Ausschnitts aus Ciceros Rede gegen Verres üben.
Alle Wörter, die du noch nicht gelernt hast, sind angegeben mit all den Bedeutungen, die auch in einem lateinischen Wörterbuch stünden.

Hier noch einige Tipps:

- Nimm nicht die erste Bedeutung, sondern lies dir alle Bedeutungen durch und wähle dann nach dem Kontext aus.
- Wenn keine der angegebenen Bedeutungen richtig „passt" oder der Ausdruck dem deutschen Sprachgebrauch nicht gemäß ist, dann „klebe" nicht an den angegebenen Bedeutungen, sondern suche selbst eine passende Wiedergabe (vgl. Salvete, Neue Ausgabe, S. 38–39: Übersetzungstraining 1).
- Grundsätzlich: Überlege dir, ob du wirklich nachschlagen musst (vgl. Salvete, Neue Ausgabe, Übersetzungstraining 9); schau ggf. zur Bestätigung nach.

Nicht einmal vor Götterbildern schreckte er zurück!

Verres sammelte auch Kunstwerke, besonders Statuen hatten es ihm angetan. Er missbrauchte seine Stellung als Statthalter, um sich widerrechtlich Kunstwerke anzueignen. Dabei machte er auch vor Götterbildern nicht Halt, wie der Raub des Diana-Standbildes aus ihrem Tempel in Segesta zeigt:

Statua colebatur a civibus, ab omnibus advenis[1] visebatur[2] (...). Erat admodum[3] amplum et excelsum[4] signum cum stola[5]; verum[6] tamen inerat[7] in illa magnitudine aetas atque habitus[8] virginalis[9]; sagittae[10] pendebant[11] ab umero[12], sinistra[13] manu retinebat[14] arcum[15], dextra* ardentem facem[16] praeferebat[17]. Haec cum iste sacrorum[18] omnium et religionum[19] hostis praedoque[20] vidisset, (...) imperat magistratibus, ut eam demoliantur[21] et sibi dent.

* dextra ergänze: manu

1 advena, -ae m.u.f. *Ankömmling, Fremder*

2 visere, viso, visi *genau ansehen, anschauen; jemanden besuchen, (Orte) aufsuchen*

3 admodum (Adv.) *völlig, ganz; sehr, äußerst; genau; mindestens; ungefähr*

4 excelsus, -a, -um *hoch, emporragend; hervorragend, ausgezeichnet*

5 stola, -ae f. *langes Gewand der vornehmen Römerin, Stola; Gewand der Flötenspieler beim Minervafest, Talar*

6 verum (Adv.) *aber, indessen, jedoch; sondern; (in Antworten) ja; ganz gewiss*

7 inesse, insum, infui *sein, sich befinden in / auf / bei etwas; innewohnen, haften an, enthalten sein*

8 habitus, -us m. *Haltung; äußere Erscheinung; Tracht, Kleidung; Beschaffenheit, Zustand*

9 virginalis, -e *jungfräulich*

10 sagitta, -ae f. Pfeil

11 pendere, pendeo, pependi *herabhängen, aufgehängt sein; schweben, schaukeln; wiegen, schwer sein; unentschlossen sein, schwanken*

12 umerus, -i m. *Schulter, Achsel*

13 sinister, -tra, -trum *linker, links, zur Linken; ungeschickt; unglücklich*

14 retinere, retineo, retinui, retentum *zurück-, festhalten; in Schranken halten, zügeln; behalten, erhalten*

15 arcus, -us m. *Bogen; Regenbogen; Triumphbogen; Krümmung, Wölbung*

16 fax, facis f. *Kienspan, Fackel; Hochzeitsfackel; Urheber, Anstifter*

17 praeferre, praefero, praetuli, praelatum *(voran)tragen; vorn an sich tragen; zeigen, offenbaren*

18 sacrum, -i n. *heiliges Gerät, Tempelgut; Opfer; heiliger Brauch; Plural: Gottesdienst, Fest*

19 religio, -onis f. *Bedenken, Zweifel, Besorgnis; Religiosität, Frömmigkeit; heiliger Gegenstand, Heiligtum*

20 praedo, -onis m. *Räuber; Seeräuber*

21 demoliri, demolior, demolitus sum *niederreißen, zerstören; herabnehmen, abmontieren*

Der folgende Test soll zeigen, wie erfolgreich du in den Lektionen 35–45 gearbeitet hast. Du kannst die Auswertung wie immer selbst vornehmen und dann versuchen, deine Lücken zu schließen.

1 Grammatik

a Übersetze und begründe die Verwendung des Konjunktivs:

Nunc properent! ______

Si tacuisses, philosophus mansisses. ______

Nos quaeritis, quid imperator dixerit. ______

Audiatur et altera pars. ______

Dixitque Deus: „Fiat lux." Et facta est lux. ______

Quidquid agis, prudenter agas et respice[1] finem. ______

Timeo, ne vituperer. ______

Quis credat omnes homines honestos esse? ______

Oremus. ______

Si dives essem, magnam villam emerem. ______

Vos hortor, ut mihi pareatis. ______

1 respicere *berücksichtigen, beachten*

b Verbinde zu passenden Sätzen und übersetze:

1. Sacerdotibus Isidis	A. colendus erat.
2. Discipulis in schola	B. tolerandae non erant.
3. Architecto aquaeductus	C. exstruendus est.
4. Iniuriae Verris	D. occulta prodenda non sunt.
5. Romanis Iuppiter deus	E. scribenda est.
6. Epistula[2] mihi	F. laborandum est.

2 epistula, -ae f. *Brief*

c Übersetze und markiere, in welcher Funktion das Partizip gebraucht ist.

	Präd.	PC	Inf.	Abl. abs.
1. Legatus missus est ad pacem faciendam.				
2. Te visitaturus eram.				
3. Signo dato athletae[3] per stadium[4] currunt.				
4. Athletae[3] sperant se victuros esse.				
5. Scimus urbem olim a plebeiis relictam esse.				
6. Menenius plebem revocaturus urbe exiit.				
7. Auxilium petentes Pompeiani deos implorabant[5].				

3 athleta, -ae m. *Athlet*

4 stadium, -i n. *Laufbahn*

5 implorare *anflehen*

24/23 Punkte	22–19 Punkte	18 Punkte und weniger
Du hast mit der gelernten Grammatik keine Probleme; großartig!	Du solltest die noch nicht verstandene Grammatik wiederholen.	Wiederhole gründlich, besonders die Themen Konjunktiv, Partizip und -nd-Formen.

2 Wortschatz

a Ordne in die Tabelle ein und übersetze:

antea • priusquam • inter • postquam • ante • post • praeter • postea • praetor • propter • propterea • interea • prior • praeterea • posterus • postremo • praemium

Adverb	Präposition	Subjunktion	Adjektiv	Substantiv

b Bestimme die Form der folgenden Wörter und nenne ihre Grundform und Wortart:

Du findest hier Formen von alius, altus, alter, alere, aliquis und alienus:

alterius ______________________

alitis ______________________

altis ______________________

alio ______________________

alo ______________________

aliquo ______________________

alieni ______________________

alii ______________________

alite ______________________

ali ______________________

alto ______________________

altius ______________________

alteri ______________________

alitur ______________________

c Bilde zu diesen Formen die entsprechende des Deponens mit ähnlicher Bedeutung:

colebam ______________________

monueratis ______________________

existima ______________________

audet ______________________

discedas ______________________

dubitaremus ______________________

meminerunt ______________________

cunctari
vereri
recordari
conari
hortari
arbitrari
proficisci

38–36 Punkte	35–31 Punkte	30 Punkte und weniger
Du hast die Vokabeln gut gelernt und kannst damit auch umgehen.	Du musst deinen Wortschatz noch sorgfältiger wiederholen, trainiere auch die Wortbestimmung.	Dein Wortschatz ist zu lückenhaft. Wiederhole regelmäßig, lerne alle Angaben im Vokabelverzeichnis und übe auch die Formenbestimmung.

BILDNACHWEIS

Titel: „Mein Vater der Kaiser" – Massenszene © dpa – Fotoreport
8 r. Fnoxx /Hettrich, foto- fnoxx.de
8 l. Conques (Dép. Aveyron, Frankreich), Abtei Seinte-Foy. 1490 © akg-images / Paul M. R. Maaeyeart
11 © Archäologisches Institut der Universität Göttingen, Sammlung der Gipsabgüsse, Photo Stephan Eckardt
14 Musée du Louvre. Paris © akg-images /Erich Lessing
35 Guadalhorce Irrigation Channel © Erik Schaffer; Ecoscene / Corbis
39 o. © akg-images / Erich Lessing
39 u. © akg-images / Bildarchiv Steffens